全国中等职业技术学校汽车类专业教材

汽车构造（第三版）习题册

中国劳动社会保障出版社

图书在版编目(CIP)数据

汽车构造（第三版）习题册/祖国海主编. —北京：中国劳动社会保障出版社，2013
全国中等职业技术学校汽车类专业教材
ISBN 978-7-5167-0327-4

Ⅰ.①汽…　Ⅱ.①祖…　Ⅲ.①汽车-构造-中等专业学校-习题集　Ⅳ.①U463-44

中国版本图书馆 CIP 数据核字(2013)第 088295 号

中国劳动社会保障出版社出版发行
(北京市惠新东街 1 号　邮政编码:100029)
出 版 人:张梦欣
*
郑州市运通印刷有限公司印刷装订　新华书店经销
787 毫米×1092 毫米　16 开本　5 印张　117 千字
2013 年 9 月第 1 版　2021 年 12 月第 12 次印刷
定价:9.00 元

读者服务部电话:(010)　64929211/84209101/64921644
营销中心电话:(010)　64962347
出版社网址:http://www.class.com.cn
http://jg.class.com.cn

目　录

第一章　汽车总体构造

第一节　汽车分类及结构

一、填空题（将正确的答案填写在横线上）

1. 汽车是指由__________驱动，具有__________或__________以上车轮的非轨道承载的车辆，主要用于__________或__________。

2. 根据车辆的设计和技术特性，汽车分为__________和__________两类。

3. 乘用车座位（包括驾驶员座位在内）最多不超过__________个。

4. 乘用车主要有__________种。

5. 商用车按照用途分为__________、______________和__________三大类。

6. 汽车的类型虽然很多，但它们的基本组成都是一致的，它们都是由__________、__________、__________和__________四大部分组成。

7. 汽车电源包括__________和__________。

8. 载货汽车车身由__________和__________组成。

9. 汽车行驶中受到的阻力有_______________、_______________、_______________和_______________。

10. 汽车行驶时，路面阻止驱动轮滑转（打滑）的最大反作用力称为附着力，其大小为____________________。

二、简答题

1. 发动机的作用是什么？

2. 底盘的作用是什么？

3. 保证汽车正常行驶的条件有哪些?

第二节　汽车识别代码和技术参数

一、名词解释

1. 整车装备质量

2. 最大总质量

3. 前悬

4. 后悬

5. 最小离地间隙

6. 转弯半径

7. 平均燃料消耗量

二、简答题

1. 车辆识别代号编码由哪几部分组成?

2. 车辆识别代码常见位置有哪些?

第二章 汽车发动机总体结构与工作原理

第一节 发动机的总体结构

一、填空题（将正确的答案填写在横线上）

1. 汽油发动机基本上都是由____________大机构和____________大系统组成，分别为____________、____________、____________、____________、____________和____________。
2. 发动机按照所使用燃料的不同分为____________和____________。
3. 发动机按照完成一个工作循环所需的行程数分为____________和____________。
4. 发动机按照冷却方式不同分为____________和____________。
5. 发动机按照气缸数目不同分为____________和____________。
6. 发动机按照气缸排列方式不同分为____________和____________。
7. 发动机按照进气系统是否采用增压方式分为____________和____________。

二、简答题

1. 曲柄连杆机构的作用是什么？

2. 配气机构的作用是什么？

3. 燃料供给系统的作用是什么？

4. 点火系统的作用是什么？

5. 润滑系统的作用是什么？

6. 冷却系统的作用是什么？

7. 起动系统的作用是什么？

第二节　发动机的工作原理

一、名词解释

1. 上止点

2. 下止点

3. 活塞行程

4. 曲柄半径

5. 气缸工作容积

6. 发动机排量

7. 燃烧室容积

8. 气缸总容积

9. 压缩比

10. 工作循环

二、简答题

1. 简述四冲程汽油机的工作原理。

2. 简述四冲程柴油机的工作原理。

3. 简述汽油发动机与柴油发动机的不同点和相同点。

异同点		汽油发动机	柴油发动机
不同点	所用燃料		
	混合气形成方式		
	压缩比 ε		
	着火方式		
	经济性		
	动力性		
	排放性		
	起动性		
	工作平稳性		
	适用车型		
相同点	工作循环		
	进气行程		
	压缩行程		
	做功行程		
	排气行程		

第三章　曲柄连杆机构

第一节　机　体　组

一、填空题（将正确的答案填写在横线上）

1. 曲柄连杆机构一般由__________、_____________和_____________三部分组成。

2. 曲柄连杆机构是在__________、__________、__________及__________的条件下工作。

3. 机体组主要由___________、___________、___________、___________和___________等组成。

4. 气缸体要具有足够的__________和__________。

5. 在多缸发动机中，根据气缸排列形式的不同，分为__________、__________和__________三种。

6. 曲轴箱的结构形式有__________、__________和__________三种。

7. 气缸套分为_____________和_____________两种。

8. 气缸盖一般多用__________或__________铸造。一些高转速汽油机为了强化散热及提高压缩比，采用导热性好的_________________铸造。

9. 汽油机的燃烧室是由_____________与____________________形成的。

10. 常用的汽油机燃烧室结构形式有_________________、_________________、_________________、_________________、_________________。

11. 油底壳的主要作用是_________________________。

二、判断题（正确的，在括号内打“√”；错误的，在括号内打“×”）

1. 曲柄连杆机构是发动机实现能量转换的主要机构。（　　）
2. 气缸体是发动机中体积最大、结构最复杂的零部件。（　　）
3. 风冷式发动机的气缸体与曲轴箱铸造在一起。（　　）
4. 直列式气缸体长度和高度较大，一般只用于六缸以上的发动机。（　　）
5. 一般式曲轴箱的特点是制造方便，但刚度较差，多用于中小型发动机。（　　）
6. 隧道式曲轴箱多用于主轴承采用滚动轴承的负荷较大的柴油机。（　　）
7. 干式缸套壁厚一般为 3 mm 以上。（　　）
8. 湿式缸套壁厚一般为 1～3 mm。（　　）
9. 安装气缸盖时，应从气缸盖的中央依次向两边展开，一次拧紧。（　　）

10. 铝合金气缸盖在安装时只需在冷车时拧紧即可，铸铁气缸盖必须在热车后复紧。
（　　）

三、简答题

1. 曲柄连杆机构的作用是什么？

2. 气缸盖的作用是什么？

3. 对汽油机燃烧室的基本要求有哪些？

第二节　活塞连杆组

一、填空题（将正确的答案填写在横线上）

1. 活塞连杆组由__________、__________、__________、__________、__________和__________等机件组成。

2. 汽油机活塞在气缸内的平均速度为__________ m/s。

3. 活塞在__________、__________、__________、__________和__________的条件下工作。

4. 目前汽车发动机广泛采用的活塞材料是____________，少数汽车发动机为了提高活塞的强度，采用____________或____________制成。

5. 活塞由____________、____________和____________三大部分组成。

6. 活塞环按用途的不同分为____________和____________两种。

7. 制造活塞环的材料应具有良好的____________、____________、____________，同时具有足够的____________、____________和____________。目前广泛采用____________或____________制造活塞环。

8. 气环的开口形状对漏气量有一定的影响，直角形开口的____________较好，____________较差；阶梯形开口的____________较好，____________较差；斜开口的____________和____________介于前二者之间，斜角一般为____________两种。

9. 常见的气环断面形状有____________、____________、____________、____________、____________。

10. 油环按结构形式的不同分为____________和____________两种。

11. 活塞销一般用____________或____________制成，并将其表面进行____________处理。

12. 活塞销与活塞销座孔和连杆小头衬套孔的连接方式有____________和____________两种。

13. 连杆组由____________、____________、____________和____________等零件组成。

14. 连杆一般用____________或____________制成。

15. 连杆由____________、____________和____________三部分组成。

16. 连杆小头用来安装____________以连接活塞。

17. 连杆大头与曲轴的____________相连。

18. 连杆大头的切口形式有____________和____________两种。

19. 玉柴 YC6105QC 型柴油机连杆大头为____________斜切口。

20. V 形发动机的连杆结构形式有____________、____________、____________三种。

二、判断题（正确的，在括号内打“√”；错误的，在括号内打“×”）

1. 活塞顶部是燃烧室的组成部分，主要承受气体的压力，其形状与燃烧室的形式有关。（　）

2. 为了增加燃烧室体积，汽油机活塞广泛采用凹顶结构。（　）

3. 活塞顶部加工有气环和油环。（　）

4. 活塞头部一般做得比较薄，便于热量从活塞顶部经活塞环传给气缸壁面，防止活塞顶部的温度过高。（　）

5. 活塞裙部的作用是在气缸内为活塞的运动导向并承受侧压力。（　）

6. 活塞在安装时没有方向。（　）

7. 剖分式的连杆大头在装配时必须有定位措施，以防止连杆盖错位。（　）

三、名词解释

1. 活塞环开口间隙

2. 活塞环侧隙

3. 活塞环背隙

四、简答题

1. 活塞连杆组的作用是什么？

2. 活塞的作用是什么？

3. 气环的作用是什么？

4. 油环的作用是什么？

5. 活塞销的作用是什么？

6. 连杆的作用是什么？

第三节　曲轴飞轮组

一、填空题（将正确的答案填写在横线上）

1. 曲轴一般由____________或______________锻制而成，轴颈表面经____________或____________处理。

2. 根据主轴颈数的不同，曲轴分为____________和____________两种。

3. 每个连杆轴颈两边都有一个主轴颈支承的曲轴称为______________。

4. 主轴颈数比气缸数目少或与气缸数目相等的曲轴称为________________。

5. 四冲程直列六缸发动机做功间隔角为________________。

6. 四冲程直列六缸发动机工作顺序（或点火顺序）为_____________或_____________。

7. 为吸收曲轴扭转振动的能量，消减扭转振动，汽车发动机多在扭转振幅最大的曲轴前端装有________________。

8. 汽车发动机多采用_________________、_________________和_________________等。

9. 多缸发动机的飞轮与曲轴一起进行____________校验，以减小____________分布不均匀产生的附加载荷。

二、名词解释

1. 曲拐

2. 曲轴

三、简答题

1. 曲轴的作用是什么?

2. 安排发动机工作顺序时应遵循哪些规则?

3. 飞轮的作用是什么?

第四章 配气机构

第一节 概　　述

一、填空题（将正确的答案填写在横线上）

1. 配气机构按气门的位置可以分为________________和________________。目前汽车基本采用________________配气机构。

2. 凸轮轴的布置形式主要有______________________、______________________和______________________三种。

3. 凸轮轴的传动方式主要有____________、____________和______________三种。

4. 一般发动机都采用每缸两气门，即一个____________和一个____________的结构。

5. 配气机构通常由____________和______________两部分组成。

6. 一般来说，柴油机的进、排气门分别置于气缸盖的________________，主要是避免______________________________；汽油机的进、排气道通常置于气缸盖的____________，利用____。

二、简答题

1. 配气机构的作用是什么？

2. 简述凸轮轴的布置形式及其特点。

3. 简述凸轮轴的传动方式及其特点。

第二节　配气机构的主要部件

一、填空题（将正确的答案填写在横线上）

1. 一般来说，气门组包括________、________、________、________、________及锁片等零件。

2. 气门是由________和________组成的。

3. 气门头部分三种形式，有________、________和________。

4. 气门杆部的主要作用是________和________。

5. 气门杆的尾部采用________结构固定弹簧座。

6. 气门杆与导管之间一般留有________ mm 间隙。

7. 镶嵌式结构的气门座都采用________、________等材料单独制作。

8. 45°（或 30°）的锥面是与气门工作锥面相配合的________，其宽度 b 通常为________ mm。15°和 75°锥角是用来________，以使其达到规定的要求。

9. 凸轮轴下置式配气机构的气门传动组主要由________、________、________、________及________等组成。

10. 凸轮轴一般采用________模锻而成，也有用________或________而成。

11. 下置式凸轮轴利用________定位。上置式凸轮轴利用________轴向定位。

12. 挺柱的作用是________。

13. 摇臂一般用________模锻或________精密铸造而成。

二、判断题（正确的，在括号内打“√”；错误的，在括号内打“×”）

1. 球面顶气门受热面积大，可用于某些进气门。（　　）

2. 凹顶气门仅用作进气门。（　　）

3. 多数发动机排气门头部直径比进气门大。（　　）

4. 气门锥角一般为45°，进气门锥角也有为30°的。 (　　)

5. 对于四冲程发动机，曲轴每转两圈，凸轮轴也转两圈。 (　　)

6. 采用液力挺柱不用调整气门间隙。 (　　)

7. 摇臂实际上是一个杠杆。 (　　)

三、简答题

1. 气门组的作用是什么？

2. 气门导管的作用是什么？

3. 气门弹簧的作用是什么？

4. 气门传动组的作用是什么？

5. 凸轮轴的作用是什么？

第三节 配 气 相 位

一、名词解释

1. 配气相位图

2. 进气提前角

3. 进气滞后角

4. 排气提前角

5. 排气滞后角

6. 气门重叠角

7. 气门间隙

二、简答题

1. 进气提前角的作用是什么？

2. 进气滞后角的作用是什么？

3. 排气提前角的作用是什么？

第四节　可变气门技术

一、填空题（将正确的答案填写在横线上）

1. 可变气门正时技术主要是改变发动机____________和____________的时间，以达到更合理地控制发动机转速所需的空气量。

2. 可变气门正时技术的主要作用是为了____________，提高________。

3. 发动机的实质动力表现和单位时间内进入到________内的________有关。

4. 可变气门升程技术不仅可以提高发动机的________________，还可以提升发动机的____________。

二、判断题（正确的，在括号内打“√”；错误的，在括号内打“×”）

1. 二十世纪七八十年代，意大利的阿尔法·罗密欧率先将气门正时技术应用在量产车中。 （ ）

2. 丰田是最早将可变气门升程技术应用到车载发动机上的厂商。 （ ）

三、简答题

1. 简述可变气门正时的原理。

2. 写出本田可变气门升程技术工作过程。

第五章 汽油机燃料供给系统

第一节 概 述

一、填空题（将正确的答案填写在横线上）

1. 理论上 1 kg 汽油完全燃烧需要的空气量为____________ kg，即可燃混合气的空燃比为____________时，称为标准混合气；____________时，称为稀混合气；____________时，称为浓混合气。

2. 过量空气系数 $\alpha=1$ 时，称为______________；$\alpha>1$ 时，称为____________；$\alpha<1$ 时，称为____________。

3. 节气门开度在____________时为小负荷工况；在____________时为中负荷工况；在____________时为大负荷和全负荷工况。

二、名词解释

1. 空燃比

2. 过量空气系数

三、简答题

1. 简述可燃混合气的形成过程。

2. 汽油机燃料供给系的作用是什么?

3. 简述汽油机燃料供给系的分类及其特点。

4. 电子控制喷射式燃料供给系统由哪几部分组成?

第二节　燃油供给系统

一、填空题（将正确的答案填写在横线上）

1. 电控发动机的燃油供给系统主要由__________、__________、__________、__________、__________、__________及__________组成。有些发动机还装有__________。

2. 油箱外形和安装位置主要考虑全车的__________和__________，多放置在车架的__________或车身的__________。

3. 油箱盖设有空气阀和蒸气阀，双阀结构用于__________。

4. 一般汽车每行驶__________公里或__________作业周期应更换一次汽油滤清器。

5. 按电动燃油泵的结构不同分为__________、__________、__________和__________，目前常用的是__________和__________。

6. 涡轮式电动汽油泵属__________泵，主要由__________、__________、__________、__________组成。

7. 滚柱式电动汽油泵属__________泵，主要由______________、______________、__________、__________等组成。

8. 喷油器实际上是一个__________，由__________与__________制成一个整体。

9. 喷油器一般分为__________喷油器和__________喷油器两种类型。

10. 球阀式电磁喷油器每次喷油量取决于____________________________。

11. 球阀式与轴针式电磁喷油器的主要区别在于__________的结构。球阀式的__________是由__________、__________和__________用激光束焊接成整体的结构。

12. 油压调节器一般位于分配油管的一端，它可使燃油压力调节在__________范围内。

二、简答题

1. 燃油供给系统的作用是什么?

2. 汽油滤清器的作用是什么?

3. 电动燃油泵的作用是什么?

4. 燃油压力调节器的作用是什么?

第三节　进排气系统

一、填空题（将正确的答案填写在横线上）

1. 进气系统由____________和____________等组成。空气经____________过滤后，流过____________，由进气道进入____________，与____________喷出的汽油混合形成可燃混合气，经____________进入气缸。对于柴油机来说，空气经____________过滤后，进入____________，经进气门进入气缸。

2. 排气系统主要由____________和____________等组成。

3. 按照滤清方式不同，空气滤清器可分为____________、____________、____________合一的____________三种类型。目前使用较为广泛的是____________空气滤清器。

4. 纸质干式空气滤清器主要由____________、____________、____________、____________、____________等组成。

5. 发动机的排气压力为____________ MPa，温度为____________。

6. 催化转换器有____________转换器和____________转换器。

7. ____________只将排气中的 CO 和 HC 氧化为 CO_2 和 H_2O，必须向其供给____________作为氧化剂，才能使其有效地工作。

8. ____________可同时减少 CO、HC 和 NO_x 的排放，它以排气中的____________和____________作为还原剂，把____________还原为____________和____________，而 CO 和 HC 在还原反应中被氧化为____________。

9. 金属____________、____________或____________均可作催化剂。

二、名词解释

1. 单排气系统

2. 双排气系统

三、简答题

1. 进排气系统的作用是什么？

2. 空气滤清器的作用是什么？

3. 双排气系统的作用是什么？

4. 催化转换器的作用是什么？

第四节　电子控制系统

一、填空题（将正确的答案填写在横线上）

1. 发动机电子控制系统主要由____________、____________和____________组成。

2. 根据检测进气量的方式不同，空气流量传感器分为____________________和____________________两种类型。

3. D型是利用________检测进气歧管内的________，测量方法属于________。

4. L型是利用________直接测量吸入进气管的________，属于________测量方式，所以测量精度________。

5. 汽车采用的L型传感器分为________传感器和________传感器。

6. 翼片式空气流量传感器安装在________和________之间。

7. 光电卡门涡旋空气流量传感器是利用________理论来测量空气流量的。

8. 常用进气压力传感器有________进气压力传感器和________进气压力传感器。

9. 膜盒式进气压力传感器主要由________、________、________和________等组成。

10. 节气门位置传感器有________、________和________，目前________使用最为广泛。

11. 进气温度传感器的内部是一个________，外部由________密封。通常安装在________之后的________上或________上。

12. 为了保持准确的空燃比，电子控制单元以________时的空气密度为标准，根据实际测得的进气温度信号修正喷油量。

13. 发动机废气中的________含量直接反映发动机________，因此检测发动机废气中的________含量是控制混合气________的有效手段。

14. 废气中的氧气超过一定限度说明混合气________，而废气中完全没有氧气则说明混合气________，________混合气将会造成排气污染。

15. 目前使用的氧传感器有________和________两种，其中应用最多的是________。

16. 氧化锆在温度超过________后，才能正常工作。

17. 节气门体上除安装有________外，还安装有________和用于控制发动机怠速的________等部件。

二、简答题

1. 空气流量传感器的作用是什么?

2. 简述热丝式空气流量传感器的工作原理。

3. 节气门位置传感器的作用是什么？

4. 进气温度传感器的作用是什么？

5. 氧传感器的作用是什么？

第六章　柴油机燃料供给系统

第一节　概　　述

一、填空题（将正确的答案填写在横线上）

1. 柴油机燃料供给系由＿＿＿＿＿＿＿＿、＿＿＿＿＿＿＿＿、＿＿＿＿＿＿＿＿及＿＿＿＿＿＿＿＿组成。

2. 燃油供给装置由＿＿＿＿＿＿、＿＿＿＿＿＿、＿＿＿＿＿＿、＿＿＿＿＿＿、＿＿＿＿＿＿、＿＿＿＿＿＿、＿＿＿＿＿＿、＿＿＿＿＿＿等组成。

3. 空气供给装置由＿＿＿＿＿＿、＿＿＿＿＿＿和＿＿＿＿＿＿＿＿＿＿等组成。

4. 混合气形成装置主要是＿＿＿＿＿＿。

5. 废气排出装置主要有＿＿＿＿＿＿和＿＿＿＿＿＿。

6. 从＿＿＿＿＿＿＿到＿＿＿＿＿＿＿入口这段油路称为低压油路，其油压由＿＿＿＿＿＿＿建立，一般为＿＿＿＿＿＿＿ kPa。该油路主要完成柴油＿＿＿＿＿＿＿、＿＿＿＿＿＿和＿＿＿＿＿＿等任务。

7. 从＿＿＿＿＿＿到＿＿＿＿＿＿这段油路叫高压油路，其油压由＿＿＿＿＿＿建立，一般在＿＿＿＿＿＿ MPa 以上。

8. 柴油机的燃烧室在总体上分为＿＿＿＿＿＿燃烧室和＿＿＿＿＿＿燃烧室。

9. 直接喷射式燃烧室的气缸盖底面是＿＿＿＿＿＿的，活塞顶部常见的燃烧室形状有＿＿＿＿＿＿和＿＿＿＿＿＿。

10. 分隔式燃烧室由两部分组成，一部分在＿＿＿＿＿＿与＿＿＿＿＿＿之间，为＿＿＿＿＿＿；一部分在＿＿＿＿＿＿中，为＿＿＿＿＿＿。

11. 分隔式燃烧室有＿＿＿＿＿＿燃烧室和＿＿＿＿＿＿燃烧室两种。

二、简答题

1. 柴油机燃料供给系的作用是什么？

2. 简述可燃混合气的形成与燃烧特点。

3. ω形燃烧室有哪些特点？

4. 球形燃烧室有哪些特点？

5. 涡流室式燃烧室有哪些特点？

6. 预燃室式燃烧室有哪些特点？

第二节 喷 油 器

一、填空题（将正确的答案填写在横线上）

1. 汽车柴油机广泛采用____________喷油器。____________喷油器分为____________和____________两类。____________喷油器多用于直接喷射式燃烧室，____________喷油器多用于分隔式燃烧室。

2. 孔式喷油器由____________、____________、____________、____________、____________、____________、____________及____________等组成。

3. 孔式喷油器最主要的部件是用优质合金钢制成的____________和____________，二者合称____________，通过____________与喷油器体紧固在一起。

4. 喷油器调压弹簧的预紧力由____________调节。

5. 针阀的圆柱面与阀体相应内圆柱面为____________配合，配合间隙为________ mm。

6. 孔式喷油器的特点是喷孔数目______，一般有____________个喷孔；喷孔直径______，一般在____________ mm之间，喷孔的数目和分布的位置根据________________而定。

7. YC6105QC型和YC6110Q型柴油机采用____________喷油器。

8. 轴针式喷油器和孔式喷油器相似，只是____________不同。

9. 常见的轴针式喷油器只有____________喷孔，其直径一般在____________ mm。

10. 轴针式喷油器适用于____________要求不高的____________和____________柴油机。

二、简答题

1. 喷油器的作用是什么？

2. 简述闭式喷油器的分类及其用途。

第三节 喷 油 泵

一、填空题（将正确的答案填写在横线上）

1. 喷油泵的结构形式很多，车用柴油机的喷油泵一般分为＿＿＿＿＿＿＿＿、＿＿＿＿＿和＿＿＿＿＿三类。

2. ＿＿＿＿＿喷油泵性能好、使用可靠，为目前大多数汽车柴油机所使用。

3. 国产系列喷油泵有＿＿＿＿＿、＿＿＿＿＿、＿＿＿＿＿型和＿＿＿＿＿型泵等。前三种属于＿＿＿＿＿＿喷油泵，后一种属于＿＿＿＿＿＿喷油泵，它只需用＿＿＿＿＿即可满足多缸发动机供油的需要。

4. 柱塞式喷油泵由＿＿＿＿＿、＿＿＿＿＿、＿＿＿＿＿＿＿和＿＿＿＿＿四部分组成。

5. 柱塞式喷油泵是利用＿＿＿＿＿在＿＿＿＿＿的往复运动进行＿＿＿＿＿和＿＿＿＿＿。

6. 单缸柴油机由＿＿＿＿＿组成单体泵；多缸柴油机由＿＿＿＿＿在同一壳体中组成多缸泵，分别向各缸供油。

7. 泵油机构由＿＿＿＿＿和＿＿＿＿＿等组成。

8. 柱塞偶件由＿＿＿＿＿和＿＿＿＿＿构成。柱塞偶件一般用＿＿＿＿＿制成，经过精细加工和＿＿＿＿＿研磨，使其配合间隙在＿＿＿＿＿＿mm 范围内。

9. 出油阀偶件由＿＿＿＿＿和＿＿＿＿＿组成，位于＿＿＿＿＿的上方。

10. 常用的油量调节机构有＿＿＿＿＿和＿＿＿＿＿两种。

11. 喷油泵传动机构的作用是＿＿＿＿＿＿＿＿＿＿＿＿。它是由＿＿＿＿＿和＿＿＿＿＿＿组成，喷油泵的挺杆多采用＿＿＿＿＿。

12. 四冲程柴油机的喷油泵，凸轮轴与曲轴的转速比是＿＿＿＿＿，以保证凸轮轴每转一周，喷油泵向各缸供油＿＿＿＿＿。

13. 喷油泵的供油正时用＿＿＿＿＿表示。

14. 供油提前角的调整方法有两种：一是改变＿＿＿＿＿＿＿＿＿＿；二是改变＿＿＿＿＿＿＿＿。

15. 分配式喷油泵简称分配泵，有＿＿＿＿＿和＿＿＿＿＿两大类。

16. 德国 Bosch 公司的 VE 型分配泵为＿＿＿＿＿式，又称为＿＿＿＿＿式。

17. VE 型分配泵采用＿＿＿＿＿＿通过＿＿＿＿＿定时、定量地将柴油供给各气缸。

18. VE 型分配泵由＿＿＿＿＿＿、＿＿＿＿＿＿＿＿＿＿、＿＿＿＿＿＿和＿＿＿＿＿＿等部分组成。此外，＿＿＿＿＿＿和＿＿＿＿＿＿＿＿也安装在分配泵体内。

19. VE 型分配泵驱动轴由柴油机＿＿＿＿＿＿＿＿＿＿驱动。驱动轴带动＿＿＿＿＿＿＿工作，并通过调速器驱动齿轮带动＿＿＿＿＿旋转。

二、简答题

1. 喷油泵的作用是什么?

2. 喷油泵—喷油器有哪些特点?

3. 油量调节机构的作用是什么?

4. 简述装有 VE 型分配泵的柴油机燃料供给系的工作过程。

第四节 调 速 器

一、填空题(将正确的答案填写在横线上)

1. 喷油泵每一循环供油量主要取决于________________,其次还受柴油机__________的影响。

2. 在柱塞的有效行程不变时,当柴油机转速增加,喷油泵的供油量__________;反之供油量＿＿＿＿＿＿。

3. 喷油泵的＿＿＿＿＿＿特性对工况多变的车用柴油机是＿＿＿＿＿＿的。

4. 车用柴油机上应用最广泛的是＿＿＿＿＿＿调速器。按调速器起作用的转速范围不同，分为＿＿＿＿＿＿＿＿和＿＿＿＿＿＿＿＿。

5. 两极式调速器用于＿＿＿＿＿＿＿＿＿＿＿＿柴油机，以起到稳定＿＿＿＿＿＿＿和限制＿＿＿＿＿＿＿的作用，而在＿＿＿＿＿＿＿和＿＿＿＿＿＿＿之间的任何转速，调速器＿＿＿＿＿＿＿作用。

6. ＿＿＿＿＿＿＿＿不仅能稳定怠速和限制超速，而且还能控制柴油机在允许转速范围内的＿＿＿＿＿＿下稳定工作。

7. 全程式调速器供油拉杆只由＿＿＿＿＿＿＿＿＿＿决定。

二、简答题

1. 调速器的作用是什么？

2. RAD 调速器的工作过程分为哪几个阶段？

第五节　供油提前角调节装置

一、填空题（将正确的答案填写在横线上）

1. 供油提前角调节装置由两部分组成，即＿＿＿＿＿＿部分和＿＿＿＿＿＿部分。

2. 联轴器用来连接＿＿＿＿＿＿＿＿＿＿与＿＿＿＿＿＿＿＿＿＿＿＿，以传递动力。

3. 柴油机工作时，供油提前角随转速的变化是通过＿＿＿＿＿＿＿＿＿＿＿＿＿来实现的。目前车用柴油机采用较多的是＿＿＿＿＿＿＿＿＿＿＿＿＿＿＿＿＿＿。

4. 供油提前角自动调节装置通常安装在＿＿＿＿＿＿＿与＿＿＿＿＿＿＿之间，由＿＿＿＿＿＿＿和＿＿＿＿＿＿＿组成。

二、简答题

1. 如何对供油提前角进行静态调节？

2. 简述柴油机供油提前角自动调节装置的结构特点。

3. 简述柴油机供油提前角自动调节装置的工作原理。

第六节　柴油机燃料供给系的辅助装置

一、填空题（将正确的答案填写在横线上）

1. 输油泵的结构形式有__________、__________、__________和__________等，其中，__________输油泵由于工作可靠，目前应用广泛。

2. 活塞式输油泵由__________、__________、__________、__________等组成。它安装在喷油泵的一侧，由__________驱动。

3. 机械油泵总成由__________、__________、__________、__________、__________和__________等组成。

4. 手油泵总成由__________、__________、__________和__________等组成。

5. 止回阀由__________、__________和__________等组成。

6. 柴油滤清器通常由__________、__________和__________等构件组成。

7. 柴油滤清器的滤芯多采用____________，也有采用____________或______________的。

8. 为了使滤清的效果更好，不少柴油机使用__________________。

9. 废气涡轮增压器通常由____________、____________和____________三部分组成。

二、简答题

1. 输油泵的作用是什么？

2. 柴油滤清器的作用是什么？

3. 废气涡轮增压器的作用是什么？

第七节　柴油机电子控制燃油喷射系统

一、填空题（将正确的答案填写在横线上）

1. 柴油机电控系统由____________、____________和____________三部分组成。

2. 电控柴油机位置类传感器主要有______________________、______________________、______________________等。

3. 电控柴油机压力类传感器主要有______________、______________、______________和______________等。

4. 电控柴油机执行器包含______________、______________、______________、______________、______________、______________和______________等元件。

5. 高压共轨电控喷射系统主要由______________、______________、______________、______________及各种______________等组成。

6. 高压油路部分主要零部件有______________、______________、______________、______________、______________等。

二、简答题

1. 简述柴油机电控系统的工作原理。

2. 柴油机电控系统有哪些特点？

3. 柴油机电控系统的控制内容是什么？

4. 共轨式电控燃油喷射技术有哪些特点？

5. 简述高压共轨电控喷射系统的工作过程。

第七章 润 滑 系

第一节 概 述

一、填空题（将正确的答案填写在横线上）

1. 发动机的润滑方式有__________和__________。

2. 压力润滑主要用于承受载荷大、相对运动速度较高的摩擦表面，如__________、__________、__________和__________等与各自对应的轴承（或座孔）之间。

3. 飞溅润滑主要用于外露表面、承受载荷较小的工作表面，如__________、__________、__________、__________、__________、__________等。

二、名词解释

1. 压力润滑

2. 飞溅润滑

三、简答题

1. 润滑系的作用是什么？

2. 润滑系由哪几部分组成?

3. 轿车润滑系有哪些特点?

4. 柴油机润滑系有哪些特点?

第二节　润滑系的主要部件

一、填空题（将正确的答案填写在横线上）

1. 机油泵根据结构形式的不同分为____________机油泵和____________机油泵两种。
2. 齿轮式机油泵分为____________机油泵和____________机油泵两种。
3. 齿轮式机油泵由______________、______________、______________、______________、

____________、____________和____________等组成。

4. 泵盖上装有限压阀，其作用是____。

5. 内啮合齿轮式机油泵由_______________、_______________、_______________、____________、____________和____________等组成。

6. 机油滤清器根据滤清效果不同分为____________、____________和____________。

7. 现代轿车发动机上普遍只设有____________和一个____________________。

8. 机油细滤器一般与主油道____________安装，属于_______________。发动机工作时，只有____________左右的润滑油通过细滤器。

9. ________________的滤清效果好，通过能力强，且结构简单、使用可靠、寿命长，所以应用广泛。

10. 机油散热器分为____________和____________两种。

二、简答题

1. 机油泵的作用是什么?

2. 机油滤清器的作用是什么?

3. 机油散热器的作用是什么?

第三节　曲轴箱的通风

一、名词解释

1. 自然通风

2. 强制通风

二、简答题

1. 汽车发动机为何要装曲轴箱通风装置？

2. 简述单向止回阀的工作原理。

3. 简述曲轴箱自然通风方式的工作原理。

第八章 冷 却 系

第一节 概 述

一、填空题（将正确的答案填写在横线上）

1. 冷却系根据所用冷却介质的不同分为____________和____________。

2. 水冷却系中，冷却水温度应保持在____________的范围内。

3. 风冷却系中，铝气缸壁的温度在______________为宜，铝气缸盖的温度应保持在______________之间。

4. 如果发动机温度过高，将降低__________________、润滑油__________________、零件__________________、强度____________________；如果发动机温度过低，将不利于______________________、润滑油黏度__________________、阻力__________________、排放__________________。

5. 强制循环式水冷却系由________________、________________、________________、________________等组成。

二、简答题

1. 冷却系的作用是什么？

2. 简述发动机强制循环式水冷却系的工作原理。

第二节　水冷却系的主要部件

一、填空题（将正确的答案填写在横线上）

1. 汽车发动机广泛采用____________水泵。
2. 离心式水泵由____________、____________、____________和____________等组成。
3. 散热器按冷却液的流动方向不同分为____________和____________两种。
4. 常用的散热器芯有____________和____________两种。
5. 散热器盖的作用是____________冷却系统，并调节系统的____________。
6. 桑塔纳、奥迪等轿车采用____________节温器。
7. 风扇的作用是____。
8. 风扇通常安装在____________后面，汽车发动机多采用____________风扇。
9. 电动风扇转速与____________转速无关。
10. 最常用的防冻剂是____________。

二、简答题

1. 水泵的作用是什么？

2. 散热器的作用是什么？

3. 膨胀水箱的作用是什么？

4. 节温器的作用是什么？

第九章 传 动 系

第一节 概 述

一、填空题（将正确的答案填写在横线上）

1. 汽车传动系的作用是________________________________。

2. 汽车底盘的总体布置与发动机的位置及汽车的驱动方式有关，一般有____________、____________________、____________________、____________________等。

3. 最传统且应用最广泛的发动机布置形式是____________________。

4. 大多数轿车采用的发动机布置形式是____________________。

5. 豪华轿车一般采用的发动机布置形式是____________________。

6. 越野汽车采用的发动机布置形式是____________________。

二、简答题

1. 简述机械式传动系的动力传递路径。

2. 简述发动机前置前轮驱动传动系的布置形式及其特点。

第二节　离　合　器

一、填空题（将正确的答案填写在横线上）

1. 离合器位于发动机与____________之间。其主动部分与____________连接，从动部分与____________连接。

2. 离合器按其工作原理的不同可分为____________和____________；按压紧弹簧的形式不同可分为______________和______________。

3. 摩擦式离合器由____________、____________、____________和____________四部分组成。

4. 离合器主动部分包括____________、____________、____________等。

5. 目前，汽车离合器广泛采用____________和____________操纵机构。

6. 机械式操纵机构有____________传动和____________传动两种形式。

7. 液压式操纵机构主要由____________、____________和____________等组成。

二、判断题（正确的，在括号内打“√”；错误的，在括号内打“×”）

1. 安装从动盘时应使减振器盘朝前。（　）

2. 膜片弹簧既是压紧弹簧，又是分离杠杆。（　）

3. 膜片弹簧的弹簧特性优于圆柱螺旋弹簧。（　）

4. 螺旋弹簧既能作为压紧装置，又能作为分离杠杆。（　）

5. 螺旋弹簧离合器与膜片弹簧离合器主动部分、从动部分的结构不同。（　）

6. 双盘离合器与单盘离合器相比，双盘离合器在不增加平均摩擦半径和压紧力的情况下，可以使传递的转矩增加一倍。（　）

7. 离合器主缸和工作缸的推杆长度一般是可调整的，通过调整推杆长度来调整踏板的自由行程。（　）

三、名词解释

1. 离合器自由间隙

2. 离合器踏板自由行程

四、简答题

1. 离合器的作用是什么？

2. 对离合器有什么要求？

3. 离合器主缸主要功能是什么？

第三节　手动变速器

一、填空题（将正确的答案填写在横线上）

1. 变速器分为____________、______________和______________。

2. 变速器的传动比为 i，当 $i>1$ 时，为变速器的____________挡，且 i 越大，挡位越________________；当 $i=1$ 时，为变速器的________________挡；当 $i<1$ 时，为变速器的________________挡。

3. 变速器由________________和________________组成。

4. 变速传动机构的主要作用是______________________________；操纵机构的主要作用是____。

5. 三轴式变速器输入轴的前端由______________支承，后端由____________________支承。

6. 三轴式变速器输出轴前、后端分别支承于____________________和____________。

7. 二轴式变速器一般与前驱动桥合称为____________________。

8. 目前，我国常见的国产轿车均采用________________。

9. 桑塔纳 2000 轿车二轴式变速器的输入轴也是____________________，输出轴也是

______________________。

10. 为了避免变速器在换挡过程中齿轮间发生冲击，在变速器中设置了__________。

11. 常见的同步器有________________和________________两种。

12. 锁环式同步器由__________、__________、__________和__________等组成。

13. 锁环式同步器尺寸小、结构紧凑、摩擦力矩也小，多用于______________。

14. ______________普遍采用锁销式惯性同步器。

15. 换挡操纵机构按操纵杆距离变速器远近的不同，可分为________________和________________。

16. 互锁装置用于防止________________。

二、简答题

1. 变速器的作用是什么？

2. 三轴式变速器有哪些特点？

3. 自锁装置的作用是什么？

第四节 自动变速器

一、填空题（将正确的答案填写在横线上）

1. 自动变速器主要由______________、______________、______________、______________等几个部分组成。

2. 齿轮变速器是自动变速器的主要组成部分，它包括____________________和

________________________。

3. 汽车自动变速器的控制系统有________________和________________两种。

4. 电液控制系统除了阀体及液压管路之外，还包括______________、______________、______________及控制电路等。

5. 按汽车驱动方式的不同，可分为____________自动变速器和____________自动变速器两种。

6. 按齿轮变速器的类型分为________________和________________两类。

7. 典型的液力变矩器由____________、____________、____________和壳体组成。

8. ____________是自动变速器中液压系统的动力源，它安装在变矩器的后方，由变矩器壳后端的____________驱动。

9. 行星齿轮变速器由________________及________________组成。

10. 行星齿轮机构有很多类型，其中最简单的行星齿轮机构是由一个____________、一个____________、一个____________和支承在行星架上的三至四个____________组成。

11. 在行星排中，具有固定轴线的____________、____________和____________称为行星排的三个基本独立元件。

12. 换挡执行机构主要由____________、____________和______________三种执行元件组成。

13. 现代汽车用的自动变速器中都采用________________离合器。

14. 多片湿式制动器由____________、____________、____________、____________及制动器毂等组成。

15. 单向离合器常见有______________和____________两种。

二、判断题（正确的，在括号内打"√"；错误的，在括号内打"×"）

1. 液力变矩器位于自动变速器的最前端，它安装在发动机的飞轮上。（ ）

2. 当发动机运转而汽车还未起步时，涡轮转速不为零。（ ）

3. 在发动机运转时，不论汽车是否行驶，油泵都在运转。（ ）

4. 太阳轮、齿圈及行星架的固定轴线是不同的。（ ）

5. 制动器的作用是将行星排中的太阳轮、齿圈、行星架三个基本元件中的一个加以固定，使之不能旋转。（ ）

三、简答题

1. 液力变矩器的作用是什么?

2. 自动变速器有哪些特点？

3. 油泵的主要作用是什么？

第五节　万向传动装置

一、填空题（将正确的答案填写在横线上）

1. 万向传动装置主要包括____________和____________，对于传动距离较远的分段式传动轴，为了提高传动轴的刚度，还设置有____________。

2. 万向节一般分为____________和____________。

3. 刚性万向节按其速度特性分为____________、____________和____________。目前在汽车上应用较多的是____________和____________。

4. ____________主要用于发动机前置后轮驱动的变速器与驱动桥之间，____________主要用于发动机前置前轮驱动的内、外半轴之间。

5. 十字轴式刚性万向节允许相邻两轴的最大交角为____________。

6. 十字轴式刚性万向节主要由____________和____________等组成。

7. 为实现等速传动，在普通万向传动装置中采用____________传动。

8. 等速万向节的常见结构形式有____________和____________。

9. 球笼式万向节由六个____________、____________、____________和____________等组成。

10. 单个十字轴式刚性万向节在主动轴和从动轴之间有夹角的情况下，当主动叉等角速转动时，从动叉是____________的，这称为十字轴式刚性万向节的____________。

11. 传动轴两端的连接件装好后，应进行____________试验。

二、判断题（正确的，在括号内打“√”；错误的，在括号内打“×”）

1. 万向传动装置在汽车上有很多应用，结构稍有不同，作用也是不一样的。　（　　）

2. 十字轴式刚性万向节允许相邻两轴的最大交角为（5°～10°）。　（　　）

3. 转向驱动桥、断开式驱动桥或微型汽车的传动轴通常制成实心轴。　（　　）

4. 为了减轻传动轴的质量，节省材料，提高轴的强度、刚度，传动轴多为空心轴。（　　）

5. 传动轴两端的连接件装好后，就可以使用了。（　　）

6. 为加注润滑脂方便，万向传动装置的油嘴应在一条直线上，且万向节上的油嘴应朝向传动轴。（　　）

三、简答题

1. 万向传动装置的作用是什么？

2. 举例说明万向传动装置在汽车中的应用。

3. 两个万向节等速传动时，应在安装上满足什么条件？

4. 中间支承的作用是什么？

第六节　驱　动　桥

一、填空题（将正确的答案填写在横线上）

1. 驱动桥分为____________驱动桥和____________驱动桥。

2. 整体式驱动桥与____________悬架配用，驱动桥壳为________________。

3. 断开式驱动桥与____________配用，驱动桥壳为____________________。

4. 驱动桥主要由____________、____________、____________和____________等组成。

5. 一些中型或重型汽车采用____________主减速器。

6. 汽车双级主减速器，第一级为____________传动，第二级为______________传动。

7. 差速器按其用途可分为____________差速器和____________差速器。____________差速器装在同一驱动桥两侧驱动轮之间，而____________差速器装在各驱动桥之间。

8. 应用最广泛的普通齿轮差速器为____________差速器。

9. 汽车转向行驶时，两侧驱动车轮所受到的地面阻力____________。

10. 为了提高汽车通过坏路面的能力，可采用____________差速器。

11. 现代汽车常采用____________和____________两种半轴支承形式。

12. 按结构形式不同，桥壳可分为____________和____________两种。

二、简答题

1. 驱动桥的作用是什么？

2. 主减速器的作用是什么？

3. 差速器的作用是什么？

4. 半轴的作用是什么？

第十章　行　驶　系

第一节　概　　述

一、填空题（将正确的答案填写在横线上）

1. 汽车行驶系一般由____________、____________、____________和____________组成。

2. ____________是全车的装配基体，它将汽车的各相关总成连接成一整体。

3. 车轮经轮毂轴承安装在____________上。

4. 为减少车辆在不平路面上行驶时车身所受到的冲击和振动，车桥通过____________与车架相连。

二、简答题

1. 汽车行驶系的作用是什么？

2. 汽车行驶系的类型主要有哪几种？

第二节　车　　架

一、填空题（将正确的答案填写在横线上）

1. 汽车上采用的车架有________________、________________、________________和________________。

2. ______________便于安装车身和布置总成，有利于车辆的改装变形和发展多品种，所以被广泛应用。

3. 边梁式车架的纵梁一般用低碳合金钢板冲压而成，断面一般为____________，也有的做成____________或____________断面。

4. 边梁式车架的横梁一般是用低碳钢板冲压成________，以增强车架的________能力和承受________载荷。

5. 轿车车架的纵梁采用____________，目的是保证其高速行驶的稳定性。

6. 广泛用于轿车和客车上的车架是____________车架。

7. 由一根贯穿汽车纵向的中央纵梁和若干根横向悬伸托架所构成的车架是__________车架。

8. 中梁式车架有较好的____________和较大的______________，便于装用独立悬架。

二、简答题

1. 车架的作用是什么?

2. 车架的要求是什么?

3. 车架分为哪几种类型?

第三节　车桥与车轮

一、填空题（将正确的答案填写在横线上）

1. 根据车桥作用的不同，车桥又可分为____________、____________、____________和______________四种类型。其中____________和____________都属于从动桥。

2. 一般汽车多以前桥为____________，以后桥或中后两桥为____________；越野汽车的前桥则为______________；挂车上的车桥都是____________。

3. 各种车型的转向桥结构基本上由____________、____________、____________和____________等四部分组成。

4. 能实现车轮转向和驱动两种功能的车桥称为__________________，一般应用于____________的越野汽车和一些轿车的前桥上。

5. 转向轮定位包括____________、____________、______________和______________四项内容。

6. 主销内倾的作用是______________________________。

7. 由于____________的存在，当前轮左右偏转时，汽车的前轴略有提高。

8. 转向轮外倾的作用是____________和________________________。

9. 转向轮外倾角一般为____________左右，是由____________________来保证的。

10. 转向轮前束由____________的长度来保证。

11. 后轮定位包括____________和____________。

12. 汽车车轮总成是由____________和____________两大部分组成。

13. 车轮一般是由____________、____________和____________组成。

14. 按轮辐结构的不同，车轮可以分为______________和______________。

15. ____________用于安装和固定轮胎。

16. 轮辋的常见结构形式有____________、____________和______________。

17. 采用____________可以提高轮胎的使用寿命，并可改善汽车的____________和______________。

18. 按轮胎内空气压力的大小，轮胎分为____________、____________和____________三种。

19. ____________弹性好、减振性能强、壁薄、散热性好、与地面接触面积大、附着性好，因而广泛用于____________。

20. 按轮胎有无内胎，轮胎分为____________轮胎和____________轮胎两种。目前，轿车上普遍采用____________轮胎。

21. 按胎体帘布层结构的不同，轮胎分为________________和________________。目前，________________在汽车上广泛应用。

二、判断题（正确的，在括号内打“√”；错误的，在括号内打“×”）

1. 各种车型的转向桥结构基本上是不同的。（　　）

2. 前轴中部向下凹的目的是为了降低发动机位置，减少传动轴与变速器输出轴之间的夹角。 (　　)

3. 转向节轴上有两道轴颈，内大外小，用来安装内外轮毂轴承。 (　　)

4. 主销后倾角是将前轴、悬架和车架装配在一起，使前轴向后倾斜而形成的。 (　　)

5. 主销内倾角一般不大于1°。 (　　)

6. 主销内倾角是由前轴制造加工时使主销孔向内倾斜而获得的。 (　　)

7. 由于转向轮外倾使前轮所承受的重力集中到较大的内轴承上，保护较小的外轴承和转向节轴外端的锁紧螺母，有利于行驶安全。 (　　)

8. 转向轮外倾角一般为8°左右，是由转向节的结构设计来保证的。 (　　)

9. 深槽轮辋主要用于轿车及轻型越野车，适宜安装尺寸小、弹性较大的轮胎。 (　　)

10. 平底轮辋多用于轿车。 (　　)

11. 采用宽轮辋可以提高轮胎的使用寿命，并可改善汽车的通过性和行驶稳定性。 (　　)

12. 高压胎在松软路面上具有良好的通过能力，多用于越野汽车及部分高级轿车。 (　　)

13. 无内胎轮胎必须配用深槽轮辋。 (　　)

三、名词解释

1. 转向轮定位

2. 主销后倾角

3. 主销内倾角

4. 转向轮外倾角

5. 前轮前束

四、简答题

1. 车桥的作用是什么?

2. 汽车车轮的主要作用是什么?

3. 主销后倾的作用是什么?

4. 前轮前束的作用是什么?

5. 轮胎的作用是什么？

6. 子午线轮胎有哪些优点？

7. 简述子午线轮胎 195/60 R 14 85 H 的含义。

第四节　悬架系统

一、填空题（将正确的答案填写在横线上）

1. 汽车悬架有__________和__________两种类型。

2. 汽车上常用的弹性元件包括__________、__________、__________和__________等。

3. 钢板弹簧广泛应用于汽车的__________悬架中。

4. 装配钢板弹簧时，各片之间要涂抹__________或装有__________以减磨。

5. 螺旋弹簧广泛应用于__________悬架。

6. 由于螺旋弹簧只能承受垂直载荷，且变形时不产生摩擦力，所以悬架中必须装有__________和__________。

7. 气体弹簧分为__________和__________两种。

8. 目前汽车上应用最广泛的减振器是__________。近年来，在高级轿车上有的采用__________减振器。

9. 凌志 LS400 轿车的前桥采用__________悬架。

10. 汽车电子控制悬架系统主要由____________、____________、____________等组成。

11. 电子控制悬架所用的传感器有____________、____________、____________、____________、____________等。

二、判断题（正确的，在括号内打“√”；错误的，在括号内打“×”）

1. 钢板弹簧在载荷作用下变形时，各片之间不会相对滑动。（　）
2. 螺旋弹簧广泛应用于非独立悬架。（　）
3. 由于螺旋弹簧只能承受垂直载荷，且变形时不产生摩擦力，所以悬架中必须装有减振器和导向机构。（　）
4. 左、右扭杆弹簧安装时可以互换，是通用的。（　）
5. 油气弹簧具有变刚度的特性。（　）
6. 双向作用减振器在压缩、伸张两个行程中都能起减振作用。（　）
7. 对于双纵臂式独立悬架，当车轮上下跳动时，车轮外倾角、轮距和主销后倾角都会发生变化。（　）
8. 麦弗逊式独立悬架没有主销实体，转向轴线为上下铰接中心的连线。（　）

三、简答题

1. 悬架的作用是什么？

2. 电子控制悬架系统有哪些功能？

第十一章　转　向　系

第一节　概　　述

一、填空题（将正确的答案填写在横线上）

1. 汽车转向系的形式多种多样，按转向能量的来源不同，可分为________________和________________两大类。

2. 机械式转向系由________________、____________和________________三大部分组成。

3. 动力式转向系按提供力的性质不同，可分为________________和________________。

4. 电控动力转向系统分为__________________________和____________________。

5. 内外转向轮偏转角之间的关系是由________________来保证的。

二、简答题

1. 转向系的作用是什么？

2. 汽车转向有哪些条件？

第二节　转向操纵机构

一、填空题（将正确的答案填写在横线上）

1. 转向操纵机构由____________、____________、____________等组成。

2. 转向轴的上部与____________固定连接，下部装有____________。

3. 转向管柱分为____________________________和____________________________。

4. 上海桑塔纳轿车采用了________________转向操纵机构。

5. 一般转向盘自由行程为________________。

二、名词解释

1. 转向盘的自由行程

2. 转向轴

3. 可分离式安全操纵机构

4. 缓冲吸能式转向操纵机构

三、简答题

1. 转向操纵机构的作用是什么？

2. 简述可分离式安全转向操纵机构的结构特点及其工作原理。

3. 简述钢球滚压变形吸能式转向操纵机构的结构特点及其工作原理。

第三节 转 向 器

一、填空题（将正确的答案填写在横线上）

1. 转向器的结构形式很多，目前，应用较广泛的主要有_________________________、_________________________和_________________________三种形式。

2. 齿轮齿条式转向器主要由_______________、_____________、_____________等组成。

3. 循环球式转向器有两级传动副：第一级传动副是_______________________；第二级传动副是________________。

4. 循环球式转向器转向螺母既是第一级传动副的____________，也是第二级传动副的____________。

二、简答题

1. 转向器的作用是什么？

2. 简述齿轮齿条式转向器的组成及其结构特点。

第四节 转向传动机构

一、填空题（将正确的答案填写在横线上）

1. 与非独立悬架配用的转向传动机构一般由________________、________________、________________、________________和________________等组成。

2. 循环球式转向器和蜗杆曲柄指销式转向器通过________________与转向直拉杆相连。

3. ________________是转向摇臂与转向节臂之间的传动杆件，具有________________作用。

4. 转动横拉杆体可改变转向横拉杆的总长度，从而调整________________。

二、简答题

1. 转向传动机构的作用是什么？

2. 简述与非独立悬架配用的转向传动机构的传力路线。

第五节 液压动力转向系

一、填空题（将正确的答案填写在横线上）

1. 液压式动力转向是以______________作为完成转向时的动力源。汽车在转向时，大部分的动力是由发动机带动____________旋转，将____________转变成具有一定压力的____________输送到__________________中，并在驾驶员的操纵下实现动力转向。

2. 液压式动力转向装置分为____________和____________两种。

3. 常压式是指汽车不转向时，____________总是关闭的。

4. 液压式动力转向系是在原有的机械式转向系基础上增设了一整套____________装置。

5. 转向助力装置的部件包括____________、____________、____________以及位于整体式转向器内部的____________及____________等。

6. 液压动力转向器按照结构可分为____________、____________两种。

7. 齿轮齿条式液压动力转向器除了具有原来的机械部分外，又增设了____________、____________和____________等。

8. 转向液压泵是动力转向装置中的____________。

9. 转向液压泵主要有____________、____________和____________等。

10. 储油罐的作用是____________________________________。

11. ____________________________________，称为滑阀式转向控制阀，简称滑阀。

12. ____________________________________，称为转阀式转向控制阀，简称转阀。

二、简答题

1. 简述常流式液压动力转向系统的结构特点。

2. 简述电控液力式动力转向系统的组成。

3. 简述电动动力转向系统的组成。

第十二章　制　动　系

第一节　概　　述

一、填空题（将正确的答案填写在横线上）

1. 制动系分为______________、______________、应急制动、安全制动和辅助制动系。

2. 制动系统一般由________________和____________两个主要部分组成。

3. 以一定速度行驶的汽车，具有一定的____________，要减速或停车，路面须强制对汽车车轮产生一个力——____________，这个力的方向与汽车行驶的方向____________。

4. 摩擦制动器是利用____________与____________工作表面的摩擦而产生制动力矩，它有______________和______________两种结构形式。

5. ____________装置是当制动气压不足时起制动作用，使车辆无法行驶。

二、简答题

1. 制动系的作用是什么？

2. 对制动系有什么要求？

第二节 车轮制动器

一、填空题（将正确的答案填写在横线上）

1. 车轮制动器分为＿＿＿＿＿＿和＿＿＿＿＿＿两大类，二者都是利用固定元件与旋转元件工作表面的＿＿＿＿＿＿而产生制动力矩，均属于＿＿＿＿＿＿制动器。

2. 鼓式制动器摩擦副中的旋转元件为＿＿＿＿＿＿，以＿＿＿＿＿＿为工作表面；盘式制动器摩擦副中的旋转元件为＿＿＿＿＿＿，以＿＿＿＿＿＿为工作表面。现代汽车广泛采用＿＿＿＿＿＿＿，而＿＿＿＿＿＿＿多用于轿车和轻型汽车。

3. 鼓式制动器固定部分是＿＿＿＿＿＿和＿＿＿＿＿＿。

4. ＿＿＿＿＿＿固装在车桥的凸缘盘上，通过支承销与＿＿＿＿＿＿相连。

5. 促动装置的作用是对制动蹄施加力使其向外张开，常用的促动装置有＿＿＿＿＿＿和＿＿＿＿＿＿。

6. 制动蹄在不工作时，其摩擦片与制动鼓之间应有合适的间隙，此间隙一般在＿＿＿＿＿＿ mm之间。

7. 根据制动时两制动蹄对制动鼓的径向作用力之间的关系，鼓式制动器可分为＿＿＿＿＿＿＿＿、＿＿＿＿＿＿和＿＿＿＿＿＿。

8. 制动鼓受来自两制动蹄的法向力且两力不能互相平衡的制动器称为＿＿＿＿＿＿＿。

9. 制动鼓受来自两制动蹄的法向力且两力互相平衡的制动器称为＿＿＿＿＿＿＿＿。

10. 平衡式制动器分为＿＿＿＿＿＿平衡式制动器和＿＿＿＿＿＿平衡式制动器。

11. ＿＿＿＿＿＿制动器一般用于液压制动系中，而气压制动系中一般用＿＿＿＿＿＿车轮制动器。

二、简答题

1. 简述鼓式车轮制动器的组成。

2. 简述盘式制动器的类型。

第三节　驻车制动器

一、填空题（将正确的答案填写在横线上）

1. 驻车制动器按其安装位置可分为________________和________________两种。

2. 鼓式中央驻车制动器不制动时，两制动蹄在复位弹簧的作用下紧靠在____________上，无制动效果。

3. 鼓式中央驻车制动器制动时，驻车操纵臂向后拉，通过传动机构转动____________，使两制动蹄片压在____________上产生制动。

4. 鼓式中央驻车制动器解除制动时，向后拉动____________，同时按下操纵臂上的按钮，使____________脱出，然后将驻车操纵臂推向最前端，两制动蹄也同时回位，制动被解除。

二、简答题

1. 驻车制动器的作用是什么？

2. 中央驻车制动器与车轮驻车制动器在安装上各有什么特点？

第四节　液压制动传动装置

一、填空题（将正确的答案填写在横线上）

1. 按照交通法规的要求，现代汽车的行车制动系须采用____________制动传动装置，____________制动传动装置已被淘汰。

2. 液压式制动传动装置由________、________、________、________、________、________、________、________、________等组成。

3. 双管路液压制动传动装置是利用____________，通过________，分别控制________的车轮制动器。

4. 双管路的布置方案在各型汽车上各有不同，常见的有________和________两种形式。

5. 串联式双腔制动主缸主要由________、________、________、________及________、________、________等组成。

6. 制动轮缸主要由________、________、________、________和________组成。

7. 常见的制动轮缸类型有________、________、________，应用最为广泛的是________。

二、判断题（正确的，在括号内打“√”；错误的，在括号内打“×”）

1. 前后独立式双管路液压制动传动装置主要用于发动机前置后轮驱动的汽车。（　　）

2. 交叉式双管路液压制动传动装置主要用于发动机前置后轮驱动的轿车。（　　）

三、简答题

1. 制动主缸的作用是什么?

2. 制动轮缸的作用是什么?

第五节　气压制动传动装置

一、填空题（将正确的答案填写在横线上）

1. 气压制动传动装置是利用＿＿＿＿＿＿作动力源的动力制动装置。

2. 双管路气压制动传动装置是利用＿＿＿＿＿＿＿＿＿＿＿＿，两个或三个＿＿＿＿＿＿，组成＿＿＿套彼此独立的管路，分别控制＿＿＿＿的制动器。

3. 气压传动装置主要由＿＿＿＿＿＿＿＿、＿＿＿＿＿＿、＿＿＿＿＿＿、＿＿＿＿＿＿＿＿、＿＿＿＿＿＿和＿＿＿＿＿＿＿等组成。

4. ＿＿＿＿＿＿的作用是产生高压空气，是整个制动系统的＿＿＿＿＿＿。

5. 空气压缩机由＿＿＿＿＿＿通过＿＿＿＿＿＿驱动。

6. 调压器在回路中的连接方法有两种，一种是将调压器与＿＿＿＿＿＿＿＿和＿＿＿＿＿＿并联；另一种是将调压器串联在＿＿＿＿＿＿＿和＿＿＿＿＿＿之间。

7. 制动气室可分为＿＿＿＿＿＿和＿＿＿＿＿＿两种。

二、简答题

1. 气压制动传动有哪些特点？

2. 调压器的作用是什么？

3. 制动控制阀的作用是什么？

4. 制动气室的作用是什么？

第六节　制动增压装置

一、填空题（将正确的答案填写在横线上）

1. 真空加力装置可分为____________和____________两种。

2. 增压式是通过____________将____________的液压进一步增加，____________装在主缸之后。

3. 助力式是通过_________________来帮助制动踏板对_________________产生推力，______________装在踏板与______________之间。

4. 真空增压系统包括由__________________、__________________、____________组成的供能装置，作为控制装置的______________，以及作为传动装置的____________、____________和____________。

5. 真空增压器由____________、____________和____________等组成。

6. ____________是将低压制动液变为高压的装置。

7. ____________是控制伺服气室起作用的随动机构，由____________和____________组成双重阀门。

8. ___________是将进气歧管产生的真空度与大气压力的压力差转变为___________的总成。

9. 常用的调节装置有____________、____________和______________等。

二、简答题

1. 真空增压器的作用是什么？

2. 制动力分配调节装置的作用是什么？

3. 限压阀的作用是什么？

4. 比例阀的作用是什么？

第七节　ABS/ASR制动控制系统

一、填空题（将正确的答案填写在横线上）

1. 制动防抱死系统主要由______________、__________________和______________等组成。

2. 目前，常用的轮速传感器主要有____________和____________两种。

3. 电磁式轮速传感器主要由____________和____________两部分组成。

4. 压力调节器分为____________和____________两种。

5. 循环式制动压力调节器是通过电磁阀____________控制轮缸的制动压力，而可变容积式制动压力调节器是通过电磁阀____________改变轮缸的制动压力。

6. 循环式制动压力调节器主要由________________、_____________、_____________、______________、______________、______________组成，在制动主缸与轮缸之间串联一______________，直接控制轮缸的制动压力。

二、简答题

1. 简述 ABS 的工作原理。

2. 轮速传感器的作用是什么?

3. 电子控制单元的作用是什么?

4. 制动压力调节器的作用是什么?

第十三章 汽车车身

第一节 车身结构

一、填空题（将正确的答案填写在横线上）

1. 轿车车身壳体由____________、____________和____________三大部分及相关构件组成。

2. 前车身主要由____________、____________、____________及____________等构件组成。

3. 中间车身侧体设有____________、____________、____________，沿周采用高强度钢制成的抗弯曲能力较好的____________断面。

4. 中间车身的窗柱起着____________和____________的作用，一般下部做得粗大，上部的截面尺寸由于需要考虑驾驶视野而适当缩小。

5. 后车身的主要载荷来自______________。

6. 货车车身包括____________和____________两大部分。

7. 货车驾驶室的结构一般分为____________、____________和____________三种。最常见的为____________和____________驾驶室两种。

8. 驾驶室的安装机构分为前后两个部分，其中前部__________，用于______________；后部则用于______________，防止其________________。除此之外，这两部分还都分别承担着驾驶室的____________与____________作用。

9. 驾驶室悬置有____________、____________、____________或____________式。

10. 货车车厢因装载的货物不同有____________、____________和____________三种。

11. 客车车身由______________和________________组成，______________是客车车身的主体。承载式客车车身的基础性构件主要包括__________________、__________________、____________及____________等。

二、简答题

1. 简述轿车车身壳体的结构特点。

2. 简述货车车身壳体的结构特点。

第二节　车 身 附 件

一、填空题（将正确的答案填写在横线上）

1. 车门壳体是由厚度____________ mm 的钢板冲压的外板和内板等焊接而成。
2. 车窗是车身的重要组成部分，它包括汽车____________和____________。
3. 现代汽车的风窗，不论是轿车、客车或载货车，多数采用________________或称____________________。
4. 现代汽车侧窗主要采用____________侧窗和____________侧窗。
5. 电动刮水器是由______________和________________组成。
6. 刮水器的电动机有____________和____________两种。

二、简答题

1. 对车门的要求有哪些？

2. 简述车门的结构类型及其特点。